Impressum
Verlag: BABADADA GmbH, Nedderfeld 112 , 22529 Hamburg
Geschäftsführer / Verlagsleitung: Harald Hof
Druck: Books on Demand GmbH, In de Tarpen 42, 22848 Norderstedt

Imprint
Publisher: BABADADA GmbH, Nedderfeld 112 , 22529 Hamburg, Germany
Managing Director / Publishing direction: Harald Hof
Print: Books on Demand GmbH, In de Tarpen 42, 22848 Norderstedt, Germany

klases telpa
教室

dalīt
除

186/2

tāfele
黑板

skolas pagalms
校园

skolotājs
老师

papīrs
纸

rakstīt
书写

pildspalva
钢笔

rakstāmgalds
办公桌

lineāls
直尺

grāmata
书

skolēns
学生

skolas soma

书包

penālis

铅笔盒

zīmulis

铅笔

zīmuļu asināmais

卷笔刀

dzēšgumija

橡皮擦

zīmēšanas bloks

画板

zīmējums

图画

ota

画笔

krāsas

颜料盒

šķēres

剪刀

līme

胶水

darba burtnīca

练习册

mājas darbs

家庭作业

skaitlis

数字

saskaitīt

加

atņemt

减

reizināt

乘

rēķināt

计算

burts

字母

alfabēts

字母表

vārds

字

teksts

课文

lasīt

读

krīts

粉笔

mācību stunda

上课

žurnāls

登记

eksāmens

考试

liecība

证书

skolas forma

校服

izglītība

教育

enciklopēdija

百科全书

universitāte

大学

mikroskops

显微镜

karte

地图

papīrgrozs

废纸筐

viesnīca
酒店

hostelis
青年旅社

valūtas maiņas punkts
外币兑换处

čemodāns
手提箱

automašīna
汽车

Valoda
语言

jā / nē
是/否

Okay
好的

Sveiki!
您好

tulks
翻译员

paldies
谢谢

Cik maksā…?

……多少钱？

Es nesaprotu

我不明白

problēma

问题

Labvakar!

晚上好！

Labrīt!

早上好！

Ar labu nakti!

晚安！

Uz redzēšanos

再见

virziens

方向

bagāža

行李

soma

包

mugursoma

双肩包

viesis

客人

istaba

房间

guļammaiss

睡袋

telts

帐篷

tūrisma informācija

旅游信息

pludmale

海滩

kredītkarte

信用卡

brokastis

早餐

pusdienas

午餐

vakariņas

晚餐

biļete

票

lifts

电梯

pastmarka

邮票

robeža

边界

muita

海关

vēstniecība

大使馆

vīza

签证

pase

护照

lidmašīna
飞机

kuģis
船

ugunsdzēsēju mašīna
消防车

autobuss
公交车

kravas automašīna
卡车

motorlaiva
汽艇

velosipēds
自行车

automašīna
汽车

prāmis
摆渡船

laiva
小船

motocikls
摩托车

policijas automašīna
警车

sacīkšu automobilis
赛车

nomas auto
租车

auto koplietošana

拼车

evakuators

拖车

atkritumu mašīna

垃圾车

dzinējs

发动机

benzīns

汽油

degvielas uzpildes stacija

加油站

ceļa zīme

交通标志

satiksme

交通

sastrēgums

交通堵塞

stāvvieta

停车场

dzelzceļa stacija

火车站

sliedes

轨道

vilciens

火车

tramvajs

电车

vagons

货车

helikopters

直升机

lidosta

机场

tornis

塔

pasažieris

乘客

konteiners

集装箱

kaste

纸板箱

ratiņi

手推车

grozs

篮子

pacelties / nosēsties

起飞/降落

pilsēta

城市

ciems

村庄

pilsētas centrs

市中心

māja

房子

kinoteātris 电影院

reklāma 广告

laterna 路灯

iela 街道

taksometrs 出租车

kiosks 小吃店

gājējs 行人

trotuārs 人行道

krustojums 十字路口

gājēju pāreja 斑马线

atkritumu tvertne 垃圾箱

luksofors 红绿灯

būda
小屋

dzīvoklis
公寓

dzelzceļa stacija
火车站

rātsnams
市政厅

muzejs
博物馆

skola
学校

universitāte

大学

banka

银行

slimnīca

医院

viesnīca

酒店

aptieka

药房

birojs

办公室

grāmatnīca

书店

veikals

商店

ziedu veikals

花店

lielveikals

超市

tirgus

市场

tirdzniecības centrs

百货商店

zivju tirgotājs

鱼店

tirdzniecības centrs

购物中心

osta

海港

parks

公园

sols

长凳

tilts

桥

kāpnes

楼梯

metro

地铁

tunelis

隧道

autobusa pieturvieta

公交车站

bārs

酒吧

restorāns

餐馆

pastkastīte

邮筒

ielas nosaukuma plāksne

路标

stāvlaika skaitītājs

停车计时器

zooloģiskais dārzs

动物园

peldbaseins

游泳馆

mošeja

清真寺

zemnieku saimniecība

农场

vides piesārņojums

污染

kapsēta

墓地

baznīca

教堂

spēļu laukums

操场

templis

寺庙

ainava

地形

lapa
树叶

ceļrādis
指示牌

ceļš
路

pļava
草地

akmens
石头

koks
树

ceļotājs
徒步旅行者

upe
河

zāle
草

puķe
花

ieleja

峡谷

kalns

山

ezers

湖

mežs

森林

tuksnesis

沙漠

vulkāns

火山

pils

城堡

varavīksne

彩虹

sēne

蘑菇

palma

棕榈树

moskīts

蚊子

muša

苍蝇

skudra

蚂蚁

bite

蜜蜂

zirneklis

蜘蛛

vabole

甲虫

varde

青蛙

vāvere

松鼠

ezis

刺猬

zaķis

野兔

pūce

猫头鹰

putns

鸟

gulbis

天鹅

meža cūka

野猪

briedis

鹿

alnis

麋鹿

aizsprosts

水坝

vēja ģenerators

风力发电机

saules baterija

太阳能电池板

klimats

气候

viesmīlis
服务员

ēdienkarte
菜单

krēsls
椅子

zupa
汤

pica
披萨饼

galda piederumi
餐具

galdauts
桌布

uzkoda

前菜

pamatēdiens

主菜

deserts

甜点

dzērieni

饮料

ēdiens

食物

pudele

瓶子

ātrās uzkodas

快餐

ielu uzkodas

街边小吃

tējkanna

茶壶

cukurtrauks

糖盒

porcija

一份饭菜

espresso kafijas automāts

意式咖啡机

bāra krēsls

高脚椅

rēķins

账单

paplāte

托盘

nazis

刀

dakša

餐叉

karote

勺子

tējkarote

茶匙

salvete

餐巾

glāze

玻璃杯

šķīvis

碟子

zupas šķīvis

汤盘

apakštase

碟子

mērce

酱

sāls trauciņš

盐瓶

piparu dzirnaviņas

胡椒磨

etiķis

醋

eļļa

食用油

garšvielas

调味料

kečups

番茄酱

sinepes

芥末

majonēze

蛋黄酱

piedāvājums
特价

klients
顾客

piena produkti
乳制品

FOR

augļi
水果

iepirkumu ratiņi
购物车

kautuve

肉铺

maizes veikals

面包房

svērt

称重

dārzeņi

蔬菜

gaļa

肉

saldēti produkti

冷冻食品

aukstās gaļas uzkodas

冷盘

konservi

罐头食品

pulveris

洗衣粉

saldumi

甜食

mājsaimniecības preces

日用品

tīrīšanas līdzeklis

清洁用品

pārdevēja

销售员

kase

收银机

kasieris

收银员

iepirkumu saraksts

购物清单

darba laiks

开放时间

maks

钱包

kredītkarte

信用卡

soma

袋子

maisiņš

塑料袋

ūdens

水

sula

果汁

piens

牛奶

kola

可乐

vīns

红酒

alus

啤酒

alkohols

酒

kakao

可可

tēja

茶

kafija

咖啡

espresso

意式浓缩咖啡

kapučīno

卡布奇诺

banāns

香蕉

ābols

苹果

apelsīns

橙子

melone

西瓜

citrons

柠檬

burkāns

胡萝卜

ķiploks

大蒜

bambuss

竹子

sīpols

洋葱

sēne

蘑菇

rieksti

坚果

makaroni

面条

spageti

意大利面条

rīsi

米饭

salāti

沙拉

frī kartupeļi

薯条

cepti kartupeļi

炸土豆

pica

披萨饼

hamburgers

汉堡包

sviestmaize

三明治

šnicele

炸猪排

šķiņķis

火腿

salami

萨拉米

desa

香肠

vista

鸡肉

cepetis

烤肉

zivs

鱼

auzu pārslas

燕麦片

muslis

穆兹利

brokastu pārslas

玉米片

milti

面粉

radziņš

羊角面包

brokastu maizītes

面包卷

maize

面包

tostermaize

烤面包

cepumi

饼干

sviests

黄油

biezpiens

凝乳

kūka

蛋糕

ola

蛋

cepta ola

煎蛋

siers

奶酪

saldējums

冰激凌

cukurs

糖

medus

蜂蜜

marmelāde

果酱

riekstu krēms

巧克力酱

karijs

咖喱饭

zemnieka māja
农舍

šķūnis
粮仓

salmu rullis
稻草捆

lauks
田野

zirgs
马

piekabe
拖车

traktors
拖拉机

kumeļš
马驹

ēzelis
驴

jērs
羔羊

aita
羊

kaza
山羊

govs
奶牛

teļš
牛犊

cūka
猪

sivēns
小猪

bullis
公牛

zoss

鹅

pīle

鸭

cālis

小鸡

vista

母鸡

gailis

公鸡

žurka

鼠

kaķis

猫

pele

老鼠

vērsis

牛

suns

狗

suņa būda

狗屋

dārza šļūtene

花园浇水软管

lejkanna

洒水壶

izkapts

长柄大镰刀

arkls

犁

sirpis

镰刀

kaplis

锄头

mēslu dakša

长柄草耙

cirvis

斧头

ķerra

独轮手推车

sile

饲料槽

piena kanna

牛奶罐

maiss

麻布袋

žogs

栅栏

kūts

马厩

siltumnīca

温室

augsne

土壤

sēklas

种子

mēslojums

肥料

kombains

联合收割机

novākt ražu

收割

raža

收割

jamss

山药

kvieši

小麦

soja

大豆

kartupelis

土豆

kukurūza

玉米

rapsis

油菜籽

augļu koks

果树

manioka

树薯

labība

谷物

skurstenis
烟囱

jumts
屋顶

lietus noteka
落水管

logs
窗户

garāža
车库

durvju zvans
门铃

durvis
门

atkritumu spainis
垃圾桶

pastkastīte
信箱

dārzs
花园

viesistaba

客厅

vannas istaba

浴室

virtuve

厨房

guļamistaba

卧室

bērnu istaba

儿童房

ēdamistaba

餐厅

grīda

地板

siena

墙壁

griesti

吊顶

pagrabs

地窖

sauna

桑拿

balkons

阳台

terase

露台

baseins

游泳池

zāles pļāvējs

割草机

gultas veļa

被单

sega

床罩

gulta

床

slota

扫帚

spainis

水桶

slēdzis

开关

tapetes
壁纸

attēls
照片

lampa
台灯

plaukts
搁架

skapis
橱柜

kamīns
壁炉

televizors
电视机

puķe
花

spilvens
垫子

dīvāns
沙发

vāze
花瓶

tālvadības pults
遥控器

paklājs

地毯

aizkars

窗帘

galds

餐桌

krēsls

椅子

šūpuļkrēsls

摇椅

atpūtas krēsls

扶手椅

grāmata

书

sega

毯子

dekorācija

装饰品

malka

木柴

filma

电影

mūzikas centrs

高保真音响

atslēga

钥匙

avīze

报纸

glezna

油画

plakāts

海报

radio

收音机

pierakstu blociņš

笔记本

putekļu sūcējs

吸尘器

kaktuss

仙人掌

svece

蜡烛

ledusskapis
冰箱

mikroviļņu krāsns
微波炉

virtuves svari
厨房秤

tosteris
烤面包机

tīrīšanas līdzekļi
洗洁精

cepeškrāsns
烤箱

saldēšanas kamera
冰柜

atkritumu spainis
垃圾桶

trauku mazgājamā mašīna
洗碗机

plīts
炊具

pods
锅

katls
铸铁锅

Wok panna
炒锅

panna
平底锅

elektriskā tējkanna
水壶

tvaika katls

蒸锅

cepešpanna

烤盘

trauki

陶瓷锅

krūze

马克杯

bļoda

碗

irbulīši

筷子

kauss

长柄勺

lāpstiņa

铲子

putošanas slotiņa

搅拌器

sietiņš

滤网

siets

筛子

rīve

磨碎机

piesta

研钵

grilēt

烧烤

atklāts pavards

明火

dēlis

菜板

mīklas rullis

擀面杖

korķu viļķis

开瓶器

bundža

罐子

konservu nazis

开罐器

virtuves cimdi

隔热手套

izlietne

水槽

birste

刷子

sūklis

海绵

mikseris

搅拌机

saldētava

冷藏箱

bērna pudelīte

奶瓶

ūdenskrāns

水龙头

duša
淋浴

apkure
供暖设备

dvielis
毛巾

dušas aizkari
浴帘

vannas putas
泡沫浴

vanna
浴缸

glāze
玻璃杯

veļas mašīna
洗衣机

flīzes
瓷砖

ūdenskrāns
水龙头

podiņš
便壶

izlietne
水槽

tualetes pods

厕所

Āzijas tipa tualete

蹲便器

bidē

坐浴器

pisuārs

小便池

tualetes papīs

厕纸

tualetes birste

马桶刷

zobu birste

牙刷

zobu pasta

牙膏

zobu diegs

牙线

mazgāt

洗

rokas duša

手持式喷淋头

duša

冲洗器

bļoda

洗脸盆

muguras mazgāšanas birste

擦背刷

ziepes

肥皂

dušas želeja

沐浴露

šampūns

洗发水

mazgāšanas drāna

法兰绒

noteka

排水

krēms

乳霜

dezodorants

除臭剂

spogulis

镜子

spogulītis

手镜

skuveklis

剃须刀

skūšanās putas

剃须泡沫

losjons pēc skūšanās

须后水

ķemme

梳子

matu suka

刷子

matu fēns

吹风机

matu laka

喷发定型剂

grima komplekts

化妆品

lūpu krāsa

唇膏

nagulaka

指甲油

vate

化妆棉

šķērītis

指甲剪

smaržas

香水

kosmētikas maks

洗漱包

ķeblītis

凳子

svari

计重秤

halāts

浴袍

tīrīšanas cimdi

橡胶手套

tampons

卫生棉条

pakete

卫生巾

ķīmiskā tualete

化学厕所

modinātājs
闹钟

mīkstā rotaļlieta
毛绒玩具

spēļu automašīna
玩具车

grabulis
拨浪鼓

leļļu māja
玩具屋

dāvana
礼物

balons

气球

gulta

床

bērnu ratiņi

（洋娃娃用）婴儿车

kārtis

扑克牌

puzle

拼图

komikss

漫画

LEGO klucīši

乐高积木

klucīši

积木玩具

varoņu figūra

玩具人

rāpulītis

婴儿服

lidojošais šķīvītis

飞盘

muzikālais karuselis

床铃玩具

galda spēle

棋盘游戏

metamais kauliņš

骰子

rotaļu dzelzceļš

火车模型

māneklis

安抚奶嘴

ballīte

聚会

bilžu grāmata

绘本

bumba

球

lelle

洋娃娃

spēlēt

玩

smilšu kaste

沙坑

šūpoles

秋千

rotaļlietas

玩具

spēļu konsole

游戏机

trīsritenis

三轮车

plīša lācītis

泰迪熊

drēbju skapis

衣柜

apģērbs

衣服

īszeķes

袜子

zeķes

长袜

zeķbikses

紧身裤

šalle
围巾

lietussargs
雨伞

T-krekls
T恤

siksna
皮带

zābaks
靴子

čības
拖鞋

botas
运动鞋

sandales

凉鞋

kurpes

鞋

gumijas zābaki

雨靴

apakšbikses

内裤

krūšturis

胸罩

apakškrekls

背心

apģērbs - 衣服

bodijs

身体

bikses

裤子

džinsi

牛仔裤

svārki

短裙

blūze

女式衬衫

krekls

衬衫

pulovers

套头衫

džemperis

卫衣

žakete

西装夹克

jaka

夹克

mētelis

外套

lietus mētelis

雨衣

kostīms

套装

kleita

连衣裙

kāzu kleita

婚纱

uzvalks

西装

naktskrekls

睡袍

pidžama

睡衣

sari

莎丽

lakats

头巾

turbāns

包头巾

burka

波卡

kaftāns

卡夫坦

abaja

(阿拉伯式)长袍

peldkostīms

泳衣

peldbikses

男式泳裤

šorti

短裤

treniņtērps

运动服

priekšauts

围裙

cimdi

手套

poga

纽扣

brilles

眼镜

rokassprādze

手链

kaklarota

项链

gredzens

戒指

auskars

耳环

cepure

便帽

drēbju pakaramais

衣架

platmale

帽子

kaklasaite

领带

rāvējslēdzējs

拉链

ķivere

头盔

bikšturi

背带

skolas forma

校服

uniforma

制服

priekšautiņš

围兜

māneklis

安抚奶嘴

autiņbiksītes

尿不湿

birojs

办公室

serveris
服务器

dokumentu skapis
文件柜

printeris
打印机

papīrs
纸

monitors
显示屏

rakstāmgalds
办公桌

pele
鼠标

dokumentu vāki
文件夹

klaviatūra
键盘

papīrgrozs
废纸筐

dators
电脑

krēsls
椅子

kafijas krūze

咖啡杯

kalkulators

计算器

internets

因特网

portatīvais dators

笔记本电脑

vēstule

信件

ziņa

消息

mobilais tālrunis

手机

tīkls

网络

kopētājs

复印机

programmatūra

软件

telefons

电话

rozete

插座

faksa aparāts

传真机

formulārs

表格

dokuments

文件

pirkt

买

samaksāt

付钱

tirgot

交易

nauda

现金

dolārs

美元

eiro

欧元

jēna

日元

rublis

卢布

franks

瑞士法郎

juaņa renminbi

人民币

rūpija

卢比

bankomāts

提款处

valūtas maiņas punkts

外币兑换处

zelts

金

sudrabs

银

nafta

石油

enerģija

能源

cena

价格

līgums

合同

nodoklis

税金

akcija

股票

strādāt

工作

darbinieks

职员

darba devējs

老板

fabrika

工厂

veikals

商店

policists
警官

ugunsdzēsējs
消防员

pavārs
厨师

ārsts
医生

pilots
飞行员

dārznieks

园丁

galdnieks

木匠

šuvēja

裁缝

tiesnesis

法官

ķīmiķis

化学家

aktieris

演员

autobusa vadītājs

公交车司机

taksometra vadītājs

出租车司机

zvejnieks

渔夫

apkopēja

清洁女工

jumiķis

屋顶工

viesmīlis

服务员

mednieks

猎人

gleznotājs

画家

maiznieks

面包师

elektriķis

电工

celtnieks

建筑工人

inženieris

工程师

miesnieks

屠夫

skārdnieks

水管工

pastnieks

邮递员

karavīrs

士兵

arhitekts

建筑师

kasieris

收银员

florists

花农

frizieris

理发师

konduktors

售票员

mehāniķis

机械师

kapteinis

船长

zobārsts

牙医

zinātnieks

科学家

rabīns

拉比

imāms

伊玛目

mūks

和尚

mācītājs

牧师

āmurs
铁锤

knaibles
钳子

skrūvgriezis
螺丝刀

uzgriežņu atslēga
扳手

kabatas lukturītis
手电筒

ekskavators

挖掘机

instrumentu kaste

工具箱

kāpnes

梯子

zāģis

锯子

naglas

钉子

urbis

钻机

remontēt

修

lāpsta

铲子

Velns!

靠！

liekšķere

簸箕

krāsas bundža

油漆桶

skrūves

螺丝

mūzikas instrumenti
乐器

skaļrunis
扬声器

bungas
打击乐器

ģitāra
吉他

kontrabass
低音提琴

trompete
小号

klavieres

钢琴

vijole

小提琴

bass

贝斯

timpāni

定音鼓

bungas

鼓

digitālās klavieres

电子琴

saksofons

萨克斯管

flauta

长笛

mikrofons

麦克风

ieeja
入口

tīgeris
老虎

būris
笼子

zebra
斑马

dzīvnieku barība
动物饲料

panda
熊猫

dzīvnieki

动物

zilonis

大象

ķengurs

袋鼠

degunradzis

犀牛

gorilla

大猩猩

lācis

熊

kamielis

骆驼

strauss

鸵鸟

lauva

狮子

pērtiķis

猴子

flamings

火烈鸟

papagailis

鹦鹉

polārlācis

北极熊

pingvīns

企鹅

haizivs

鲨鱼

pāvs

孔雀

čūska

蛇

krokodils

鳄鱼

zoodārza sargs

动物园管理员

ronis

海豹

jaguārs

美洲豹

ponijs

矮种马

leopards

豹

nīlzirgs

河马

žirafe

长颈鹿

ērglis

老鹰

meža cūka

野猪

zivs

鱼

bruņurupucis

龟

valzirgs

海象

lapsa

狐狸

gazele

羚羊

amerikāņu futbols
橄榄球

riteņbraukšana
骑自行车

teniss
网球

basketbols
篮球

peldēšana
游泳

bokss
拳击

hokejs
冰球

futbols
英式足球

badmintons
羽毛球

vieglatlētika
田径

rokas bumba
手球

slēpošana
滑雪

polo
马球

smieties
笑

lēkt
跳

apskaut
拥抱

iet
走路

dziedāt
唱

sapņot
做梦

lūgt
祈祷

skūpstīt
亲吻

rakstīt
书写

zīmēt
画

rādīt
展示

spiest
推

dot
给

ņemt
拿

būt

有

darīt

做

būt

当

stāvēt

站

skriet

跑

vilkt

拉

mest

扔

krist

摔倒

gulēt

躺

gaidīt

等待

nest

携带

sēdēt

坐

uzģērbt

穿衣

gulēt

睡觉

pamosties

醒来

skatīties

看

raudāt

哭

glāstīt

抚摸

ķemmēt

梳头

runāt

交谈

saprast

明白

jautāt

问

dzirdēt

听

dzert

喝

ēst

吃

sakārtot

清理

mīlēt

爱

vārīt

做饭

braukt

开车

lidot

飞

burot

航行

rēķināt

计算

lasīt

读

mācīties

学习

strādāt

工作

precēties

结婚

šūt

缝

tīrīt zobus

刷牙

nogalināt

杀

smēķēt

抽烟

sūtīt

寄

vecāmāte
祖母

vectēvs
祖父

tēvs
父亲

māte
母亲

mazulis
婴童

meita
女儿

dēls
儿子

viesis

客人

tante

阿姨

onkulis

叔叔

brālis

兄弟

māsa

姐妹

piere
前额

acs
眼睛

plecs
肩膀

seja
脸

pirksts
手指

zods
下巴

roka
手

krūtis
乳房

kāja
腿

roka
手臂

mazulis

婴童

vīrietis

男人

sieviete

女人

meitene

女孩

zēns

男孩

galva

头

mugura

背部

vēders

肚子

naba

肚脐

kājas pirksts

脚趾

papēdis

脚后跟

kauls

骨头

gurns

臀部

celis

膝盖

elkonis

手肘

deguns

鼻子

dibens

屁股

āda

皮肤

vaigs

脸颊

auss

耳朵

lūpa

嘴唇

mute

嘴

zobs

牙齿

mēle

舌头

smadzenes

脑

sirds

心脏

muskulis

肌肉

plaušas

肺

aknas

肝脏

kuņģis

胃

nieres

肾脏

dzimumakts

性交

kondoms

避孕套

olšūna

卵子

sperma

精子

grūtniecība

怀孕

menstruācijas

月经

vagīna

阴道

penis

阴茎

uzacs

眉毛

mati

头发

kakls

脖子

slimnīca
医院

ātrā palīdzība
救护车

ratiņkrēsls
轮椅

lūzums
骨折

ārsts

医生

neatliekamās palīdzības nodaļa

急诊室

medmāsa

护士

ārkārtas gadījums

紧急情况

paģībis

昏迷

sāpes

痛

ievainojums

受伤

asiņošana

出血

sirdslēkme

心脏病发作

insults

中风

alerģija

过敏

klepus

咳嗽

temperatūra

发烧

gripa

流感

caureja

腹泻

galvassāpes

头痛

vēzis

癌症

diabēts

糖尿病

ķirurgs

外科医生

skalpelis

手术刀

operācija

手术

datortomogrāfija

CT

rentgents

X光

ultraskaņa

超声波

sejas maska

口罩

slimība

疾病

uzgaidāmā telpa

候诊室

kruķis

拐杖

plāksteris

石膏

apsējs

绷带

injekcija

注射

stetoskops

听诊器

nestuves

担架

termometrs

体温计

dzemdības

出生

liekais svars

超重

dzirdes aparāts

助听器

dezinfekcijas līdzeklis

消毒液

infekcija

感染

vīruss

病毒

HIV / AIDS

艾滋病

zāles

药物

pote

接种疫苗

tabletes

药片

pretapaugļošanās tablete

药丸

ārkārtas izsaukums

急救电话

asinsspiediena mērītājs

血压计

slims / vesels

生病/健康

Palīgā!

救命！

trauksme

警报

uzbrukums

突击

uzbrukums

攻击

bīstamība

危险

avārijas izeja

紧急出口

Uguns!

着火啦！

ugunsdzēšamais aparāts

灭火器

negadījums

意外

pirmās palīdzības aptieciņa

急救箱

SOS

呼救信号

policija

警察

Eiropa

欧洲

Ziemeļamerika

北美洲

Dienvidamerika

南美洲

Āfrika

非洲

Āzija

亚洲

Austrālija

澳洲

Atlantijas okeāns

大西洋

Klusais okeāns

太平洋

Indijas okeāns

印度洋

Dienvidu okeāns

南冰洋

Ziemeļu ledus okeāns

北冰洋

Ziemeļpols

北极

Dienvidpols

南极

Antarktika

南极洲

zeme

地球

zeme

陆地

jūra

海

sala

岛

nācija

国家

valsts

国家

ciparnīca

钟面

stundu rādītājs

时针

minūšu rādītājs

分针

sekunžu rādītājs

秒针

Cik ir pulkstenis?

现在几点？

diena

天

laiks

时间

tagad

现在

digitālais pulkstenis

电子表

minūte

分

stunda

时

pirmdiena
周一

MO

trešdiena
周三

piektdiena
周五

TU

TH

FR

sestdiena
周六

SA

SO

otrdiena
周二

ceturtdiena
周四

svētdiena
周日

vakardien

昨天

šodien

今天

rītdien

明天

rīts

早晨

pusdienlaiks

中午

vakars

晚上

MO	TU	WE	TH	FR	SA	SU
1	2	3	4	5	6	7
8	9	10	11	12	13	14
15	16	17	18	19	20	21
22	23	24	25	26	27	28
29	30	31	1	2	3	4

darbadienas

工作日

MO	TU	WE	TH	FR	SA	SU
1	2	3	4	5	6	7
8	9	10	11	12	13	14
15	16	17	18	19	20	21
22	23	24	25	26	27	28
29	30	31	1	2	3	4

brīvdienas

周末

lietus
雨

varavīksne
彩虹

sniegs
雪

vējš
风

pavasaris
春

rudens
秋

vasara
夏

ziema
冬

laika prognoze

天气预报

termometrs

温度计

saules gaisma

阳光

mākonis

云

migla

雾

gaisa mitrums

潮湿

zibens

闪电

pērkons

打雷

vētra

风暴

krusa

冰雹

musons

季风

plūdi

洪水

ledus

冰

janvāris

一月

februāris

二月

marts

三月

aprīlis

四月

maijs

五月

jūnijs

六月

jūlijs

七月

augusts

八月

septembris

九月

oktobris

十月

novembris

十一月

decembris

十二月

aplis

圆形

kvadrāts

正方形

četrstūris

长方形

trīsstūris

三角形

lode

球体

kubs

立方体

balts

白

dzeltens

黄

oranžs

橙

sārts

粉

sarkans

红

lillā

紫

zils

蓝

zaļš

绿

brūns

棕

pelēks

灰

melns

黑

daudz / maz

很多/少许

saniknots / miermīlīgs

生气/平静

skaists / neglīts

美/丑

sākums / beigas

首/尾

liels / mazs

大/小

gaišs / tumšs

明/暗

brālis / māsa

兄弟/姐妹

tīrs / netīrs

干净/肮脏

pilnīgs / nepilnīgs

完整/缺失

diena / nakts

白天/晚上

miris / dzīvs

死/生

plats / šaurs

宽/窄

baudāms / nebaudāms

可食用/非食用

nikns / laipns

邪恶/善良

satraukts / garlaikots

兴奋/无聊

resns / tievs

胖/瘦

pirmais /pēdējais

第一/最后

draugs / ienaidnieks

朋友/敌人

pilns / tukšs

满/空

ciets / mīksts

硬/软

smags / viegls

重/轻

izsalkums / slāpes

饿/渴

slims / vesels

生病/健康

nelegāls / legāls

非法/合法

inteliģents / dumjš

聪明/愚笨

kreisais / labais

左/右

tuvu / tālu

近/远

jauns / lietots

新/旧

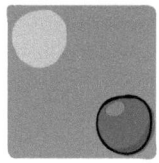

nekas / kaut kas

没有/有些

vecs / jauns

老/幼

ieslēgts / izslēgts

开/关

atvērts / slēgts

打开/合上

kluss / skaļš

安静/吵闹

bagāts / nabags

富/穷

pareizi / nepareizi

对/错

raupjš / gluds

粗糙/光滑

noskumis / laimīgs

伤心/高兴

īss / garš

短/长

lēns / ātrs

慢/快

slapjš / sauss

湿/干

silts / vēss

温暖/凉爽

karš / miers

战争/和平

0

nulle
零

1

viens
一

2

divi
二

3

trīs
三

4

četri
四

5

pieci
五

6

seši
六

7

septiņi
七

8

astoņi
八

9

deviņi
九

10

desmit
十

11

vienpadsmit
十一

12

divpadsmit

十二

13

trīspadsmit

十三

14

četrpadsmit

十四

15

piecpadsmit

十五

16

sešpadsmit

十六

17

septiņpadsmit

十七

18

astoņpadsmit

十八

19

deviņpadsmit

十九

20

divdesmit

二十

100

simts

百

1.000

tūkstotis

千

1.000.000

miljons

百万

anglu

英语

amerikāṇu angļu

美式英语

ķīniešu mandarīnu valoda

普通话

hindi

印地语

spāṇu

西班牙语

franču

法语

arābu

阿拉伯语

krievu

俄语

portugāļu

葡萄牙语

bengāļu

孟加拉语

vācu

德语

japāṇu

日语

es

我

tu

你

viņš / viņa

他/她/它

mēs

我们

jūs

你们

viņi / viņas

他们

kas?

谁？

ko?

什么？

kā?

怎样？

kur?

哪里？

kad?

什么时候？

vārds

名字

方位

aiz

后面

iekšā

里面

priekšā

前面

virs

上方

uz

上面

zem

下面

blakus

旁边

starp

中间

vieta

地点